MON

TRIBUT A LA VACCINE

LETTRE A UN AMI

Par J.-M.-A. EONNET (d'Auray),

Docteur en médecine de la Faculté de Paris,
Membre titulaire de la Société d'anthropologie de Paris,
de la Société polymathique du Morbihan.

RENNES.

TYPOGRAPHIE OBERTHUR ET FILS, FAUBOURG DE PARIS, 20.

M^{on} à Paris. rue des Blancs-Manteaux. 35.

1870.

*A chacun de nous incombe le devoir d'enregistrer
les faits qui passent sous ses yeux.*

Ne t'attends pas à me voir faire, dans cette simple
lettre, de l'érudition sur la vaccine, non plus que sur
les nombreuses questions qui s'y rattachent. Je ne veux,
en te rappelant bien des choses que tu sais déjà,
que m'arrêter un peu sur des faits qui me sont particuliers, et qu'il m'a paru intéressant de t'écrire. Nous
nous étions promis de nous communiquer nos observations, tu m'as donné l'exemple; je viens aussi moi,
fidèle à ma parole, te parler de mes vaccinations et
revaccinations, et des enseignements que j'ai pu en
tirer.

Au 1er mai de cette année, j'avais vacciné *1,273* personnes, nombre plus que suffisant pour établir une sta-
tistique qui aurait bien sa valeur, s'il m'avait été donné
de suivre la marche du vaccin chez toutes ces personnes.
Mais tu comprends l'impossibilité d'une pareille observation dans la sphère où je suis placé. Cependant il
m'a été donné d'en suivre un bon nombre, et c'est sur
ce nombre que je m'appuierai dans cette étude.

Sur ces 1,273 vaccinés, 315 ne l'avaient encore jamais
été, et 968 portaient les cicatrices évidentes d'une première inoculation. Tu vas croire que ces 315 non-vac-
cinés étaient des enfants, mais je n'en ai sur ce nombre
que 124 de 0 à 6 ans; le reste m'est fourni par des personnes de tout âge qui se sont présentées, surtout à la
campagne, ayant négligé jusque-là de se faire vacciner,
ou l'ayant été sans succès. Beaucoup d'entre ces der-
niers se croyaient déjà vaccinés, parce qu'on leur
avait fait quelques piqûres au bras, et rien ne les éton-
nait plus que de me voir leur en demander la preuve,
ignorants qu'ils étaient qu'il n'y a pas de vaccin efficace

qui ne laisse après lui de cicatrices indélébiles. A ce propos, je crois qu'il serait bon de modifier, sur les certificats ou rapports que nous produisons, les termes de « a été vacciné » par ceux de « porte des cicatrices vaccinales », qui prouveraient mieux que l'on s'est assuré de l'efficacité d'une opération si importante.

Ces 191 sujets, âgés déjà, avant d'avoir été vaccinés jamais, se répartissent ainsi, suivant leur âge :

95 — de 12 à 18 ans.
62 — de 18 à 30 —
34 — de 30 à 60 —

Mais le tout n'est pas de vacciner; encore faut-il réussir, quand les sujets y sont disposés : c'est ce à quoi j'ai veillé en opérant souvent plusieurs fois ceux qui, n'ayant pas été inoculés avec succès, voulurent bien revenir.

Le résultat de ces vaccinations, surtout quand il m'a été donné d'avoir du vaccin pris immédiatement à une pustule vaccinale, a toujours été satisfaisant. Je n'ai eu que deux insuccès avec du vaccin pris sur des plaques envoyées par l'Académie de médecine. En général, tu le sais, c'est l'exception qui ne prend pas le vaccin, une première fois, quand il est inoculé avec toutes les conditions requises.

Mais, si j'ai pu suivre la marche de mes vaccinations, il n'en a pu être ainsi de mes revaccinations. Ainsi, sur 968 personnes revaccinées, je n'en ai suivi que 574.

Sur ce nombre : 257 succès certains, avec pustules caractéristiques; 84 ont eu des pustules vaccinoïdes, la *vaccinelle* de Rayer, qui est à la vaccine ce qu'est la varicelle à la variole.

Pour les autres, pas trace de la plus légère inflammation.

On ignore encore le secret de la réussite ou de l'insuccès de l'inoculation, suivant les personnes et suivant les âges. Ce serait ici le lieu de discuter la question relative à l'extinction progressive de l'influence protectrice d'une première vaccination; mais c'est un point tellement obscur encore, qu'il n'est pas possible de s'y arrêter un instant avec les seules observations que possède la science à ce sujet. Le vaccin réussit de nouveau sur un enfant de 10 ans, porteur de six belles cicatrices d'une première inoculation, et ne prend pas sur une personne adulte qui fut vaccinée très-jeune et qui n'eut sans doute qu'une seule pustule, à en juger par l'unique marque que l'on découvre. A priori n'aurait-on pas pensé que le vaccin premier devait être dans l'organisme d'autant plus en puissance que le sujet qui l'a reçu est plus jeune et ne devait pas laisser place à une inoculation nouvelle.

Sur une série de 104 revaccinations, 40 enfants, de 10 à 16 ans, ayant les cicatrices d'un premier vaccin, me donnent 31 succès.

64 adultes, de 20 à 40 ans, également porteurs de belles cicatrices vaccinales, ne me donnent seulement que 35 succès.

Mais, c'est entre 50 et 70 ans qu'il est curieux d'observer le succès des revaccinations. Les 48 personnes de cet âge que j'ai revaccinées m'ont donné 43 succès, toutes avec une pustulation remarquable. Le vaccin s'éteint donc dans l'organisme et n'a plus, après un temps mal limité encore, la faculté de s'opposer à une réinoculation. Si la variole épargne plus cet âge, ce n'est donc pas parce que le vaccin le préserve, mais peut-être parce que à cette époque de la vie, la faculté d'absorption et d'assimilation, affaiblie singulièrement, devient ainsi l'origine d'une immunité relative réelle.

Je n'ai pas remarqué que les maladies eussent la moindre influence sur l'évolution du vaccin, ni que le vaccin modifiât ces dernières en quoi que ce fût. J'ai vacciné des enfants atteints de fièvres catarrhales, d'entérite, de bronchites, etc.; je me suis servi de quelques-uns d'entre eux comme sujets vaccinifères, sans que j'aie jamais eu lieu de m'en repentir. Mais je développerai ce point plus longuement dans la seconde partie de cette lettre.

.. Singulière idée, diras-tu, d'aller prendre du vaccin sur un enfant malade. Deux raisons m'y ont contraint : d'abord, manquant de sujets, j'ai dû prendre, en faisant un choix raisonné et consciencieux, ceux que je croyais aptes à recevoir ou à donner du vaccin ; et puis, j'ai voulu, en ce temps d'épidémie, réussir, autant que possible, dès la première inoculation, et je suis convaincu que le vaccin transporté immédiatement de bras à bras est le plus sûr et le plus efficace. J'ai cru meilleur d'entretenir ainsi le vaccin que de le conserver sur plaques et d'avoir des ressources trop insuffisantes pour tant de personnes qui se présentent. On vaccine de plaques à bras d'abord, quand le vaccin n'a pas encore été inoculé dans le pays, et chacun s'accorde à reconnaître l'insuccès très-fréquent de ces inoculations. Cela tient à différentes causes qui sont, pour ce que mon observation m'a appris :

1° Que le vaccin trop peu délayé est pris demi-solide par la lancette, qui ne réussit pas à le faire pénétrer sous la peau.

2° Ou que trop délayé, le vaccin se perd dans une quantité de liquide qui reste sans aucune action.

On accuse bien encore le vaccin animal d'être moins efficace que le vaccin humain. Celui qu'envoie sur plaques l'Académie de médecine ne m'ayant presque jamais réussi, j'ai voulu aussi moi avoir une génisse vaccinifère. Grâce à la bienveillance d'un ex-pharmacien très-considéré de notre cité, j'ai inoculé une génisse de dix mois, qui m'a donné deux pustules vaccinales très-belles. J'ai vacciné, au septième jour de l'évolution des pustules, sept personnes immédiatement, huit avec du vaccin recueilli sur plaques ; j'ai envoyé deux autres plaques, l'une à Belle-Isle, l'autre dans la commune de Baden, et partout j'ai eu le plus complet insuccès. Ce n'était pourtant pas la quantité qui manquait ; il tombait en large goutte sur la lancette, et je t'assure que j'en ai suffisamment rempli la piqûre.

Cependant, malgré ces insuccès de la vaccination animale, insuccès constatés un peu partout, je n'irai pas, crois-le bien, à l'exemple de médecins trop faciles à passionner, la rejeter comme un leurre, comme un moyen uniquement utile à une spéculation extra-médicale. Toutefois mon opinion désormais arrêtée, jusqu'à preuve du contraire, est que le vaccin humain est préférable.

J'ai toujours cherché du vaccin développé sur le bras d'un enfant, quoi que j'aie eu assez de succès avec du vaccin pris sur le bras d'un adulte à sa première vaccination. Il serait à ce propos curieux de savoir pourquoi le vaccin pris sur un sujet revacciné réussit moins que celui d'une première inoculation : le vaccin est-il toujours le même, et s'il l'est, pourquoi ces différences quand il est inoculé dans les mêmes conditions?

J'ai toujours pris le vaccin du sixième au septième jour, quand il se développait normalement, alors que la pustule forme un bourrelet circulaire aplati, ayant, remarque-le bien, une teinte argentée ou nacrée. Le huitième jour, il est vrai, la pustule est plus large, plus gonflée, mais elle est déjà dans sa période de décadence. Je n'en juge qu'à ce que j'ai expérimenté ; j'ai toujours eu plus de succès du vaccin du septième jour au plus que de celui de huit jours.

53 personnes revaccinées sur des pustules de six jours m'ont donné 34 succès; tandis que 72 personnes, dans les mêmes conditions, réinoculées avec des pustules au huitième jour, ne m'ont donné que 28 succès et plusieurs vaccinoïdes accompagnées d'inflammation.

Il est pourtant inexact de fixer ainsi le jour où l'on doit prendre le vaccin d'une pustule: il faut tenir compte de la manière quelquefois anormale dont elle se développe. J'ai vu chez huit personnes, dont cinq enfants et trois adultes, le vaccin paraître pendant cinq jours, inutilement inoculé, se développer alors pour n'atteindre son summum de développement que le neuvième jour. Tout dépend peut-être de conditions individuelles, peut-être aussi du mode d'inoculation, conditions qu'il n'est pas encore facile de démêler. Enfin, malgré toutes les précautions prises, il y a des personnes qui sont récalcitrantes à l'action du vaccin. Je connais une jeune fille qui fut inoculée six fois, pendant six années consécutives, avant de l'être avec succès. J'ai moi-même inoculé deux et trois fois inutilement quelques personnes qui, à un troisième ou un quatrième essai, présentèrent une belle pustulation.

Au lendemain de l'inoculation, on vient vous dire d'un air de satisfaction que le vaccin commence à prendre ; regarde alors le bras. Il y a une petite élevure de la peau ; la démangeaison est plus vive que dans la bonne vaccine, où ces phénomènes se font attendre trois ou quatre jours. Il survient une vésicule très-différente de la pustule vaccinale par son apparition et sa dessiccation plus rapide. Si tu ouvres une de ces vésicules d'aspect tout particulier et souvent varié, tu vois le liquide en sortir tout d'un coup, comme d'une phlyctène, tandis que la pustule du vaccin laisse sourdre peu à peu le liquide à sa surface. Ce bouton, appelé par Rayer *vaccinelle*, renferme un liquide qui n'est pas virulent, c'est-à-dire qui n'a pas l'efficacité du vaccin, et son inoculation n'exerce aucune action préservatrice au point de vue de la variole, point important à retenir pour ne pas faire croire au succès de la vaccination à des personnes qui pourraient rester trop longtemps dans cette erreur : c'est une fausse vaccine qui n'empêchera pas, quelques années, quelques mois peut-être plus tard, une revaccination de réussir.

Je n'ai vu cette fausse éruption vaccinale se produire que chez les individus déjà vaccinés.

Pas une personne vaccinée et dans la période décennale qui suit la vaccination n'a été affectée de variole. C'est ce qui résulte de mes notes prises dans les hôpitaux et de celles que depuis quelque temps il m'est donné de prendre dans ma clientèle.

Nous ne sommes plus au temps où l'on n'osait nier les

heureux effets de la vaccine : son utilité est désormais parfaitement établie. On se rappelle avec terreur la mortalité excessive qui existait avant sa découverte, et l'on voit combien elle décime ceux qui ont négligé de se faire vacciner et beaucoup de ceux qui auraient dû se faire revacciner.

Que, par ce temps d'épidémie, l'on vaccine en masse, de bras à bras autant que possible. Hâtons-nous ; d'une semaine, d'un jour, dépendent la santé et la vie de beaucoup d'individus nécessaires à leurs familles et à leur pays. Je sais que l'on accuse le vaccin d'être insuffisant ; mais c'est un tort. Où sont les exemples de personnes vaccinées ou revaccinées nouvellement et frappées quand même par la maladie ? Que l'on soit vacciné convenablement, sur un enfant qui ne fournira pas à une centaine de personnes à la fois. L'insuccès notoire des vaccinations faites *sur commande*, dans les grands établissements et dans les casernes, tient à ce que l'on vaccine dans une même séance trop de personnes sur un même enfant.

Le temps que nous traversons ne demande pas que nous cherchions à inscrire en quinze jours deux mille vaccinations sur les états préfectoraux ; il exige que nous vaccinions avec toutes les précautions requises.

Autrefois, que l'on vaccinait moins, on vaccinait peu à la fois et mieux sans doute ; c'est peut-être là seulement qu'est le secret de cette dégénérescence du vaccin que l'on s'imagine trouver aujourd'hui.

Encore que la vaccine ne préserverait pas de la variole d'une manière absolue, ne sait-on pas qu'elle en diminue la fréquence et la gravité. Tu as lu peut-être le compte-rendu de la Société de médecine de Bordeaux, à propos de l'épidémie de variole qui ravagea le département de la Gironde de 1820 à 1821 ; il y est dit que sur plus de 40,000 vaccinations *pratiquées avec succès*, on a trouvé, après un examen scrupuleux, deux cas seulement de variole supposés être survenus après la vraie vaccine ; encore, ajoute-t-on, ces varioles furent-elles différentes dans leur marche de la variole épidémique.

Peut-être ces deux cas de variole étaient-ils survenus dans les mêmes conditions que le suivant :

Une petite fille de 5 mois habite Baden, où sévit la variole depuis deux mois ; elle va se faire vacciner à Vannes.

Six jours après, trois belles pustules vaccinales se développent et me servent à inoculer cinquante personnes à peu près.

Le huitième jour, c'est-à-dire deux jours après le développement parfait du vaccin, une varioloïde se déclare chez l'enfant qui a guéri, sans avoir paru s'en apercevoir.

Je te dirai plus loin ce qu'il est advenu de mes vaccinations, faites avec ce sujet. Rappelle-toi seulement ici le temps d'incubation des deux virus, et tu pourras en conclure que l'enfant avait, antérieurement au vaccin, pris le germe d'une variole qui pouvait être confluente et mortelle, et que le vaccin, en se développant, a certainement atténué.

Le même fait s'est reproduit dans Baden et a été suivi des mêmes résultats : une varioloïde légère suivit immédiatement le vaccin, et l'enfant servit aux vaccinations, dans les mêmes conditions. J'ai su qu'un fait semblable s'était passé dans la clientèle d'un confrère d'une localité voisine. Je me servirai plus loin de deux autres cas qui, avec les précédents, montrent l'influence du vaccin pour modifier la variole déjà, dans l'organisme, à sa période d'incubation. Un fait, que je vais te dire, te prouvera ce qu'il peut pour modifier la variole même en pleine éruption. Mais non qu'il ne serve encore à rien, car il est seul (*testis unus, testis nullus*), attendons d'autres faits ; mais quelques doutes qui nous assiègent, quelques dénégations que, nous recevions, n'en soyons pas moins persuadés que nous devrons, jusqu'à la dernière heure, essayer la puissance du vaccin. Qui n'a pas expérimenté ne peut rien dire, et je crois que l'expérience sur ce sujet manque plus à ceux qui nient qu'à ceux qui affirment. Je ne veux pas voir, dans ces vaccinations tardives, seulement qu'une pensée bienveillante à l'égard de la vaccine, une sorte de consolation préventive à apporter aux malades. L'observation générale, il est vrai, n'a pas confirmé ce qui avait été conçu à cet égard, la pratique elle-même l'a perdu de son souvenir; d'aucuns même ont déclaré illogique de développer une seconde éruption; mais ne partageant pas leur opinion mal fondée, j'ai tenté ce qu'ils ont craint et voici ce qu'il en est résulté :

Louis B., âgé de 19 ans, est domestique dans une ferme voisine de celle où toute une famille vient d'être éteinte par la variole; il n'a jamais été vacciné.

Le jeudi soir, 17 mars, il s'alite avec les symptômes caractéristiques de la variole.

Le dimanche 20 mars apparaît l'éruption.

Je le vois le mardi suivant, pour la première fois. L'éruption se fait normalement, très-confluente; la face est extrêmement tuméfiée. Sa langue est parsemée d'abondantes pustules. Il y a du délire et une extrême agitation. Le pouls est à 130. La difficulté qu'il éprouve à avaler et à parler indique que des pustules se sont développées sur l'isthme du gosier et sur la muqueuse voisine des organes de la voix. J'avais vu jusque là toutes les médications, même celles par le calomel et l'acide phénique, tant vantées maintenant, rester sans effet chez les sujets non vaccinés; je me décidai à le vacciner. Je sacrifiai à cette opération une lancette ordinaire et inoculai à mon malade du vaccin recueilli sur plaques la veille. Je fis ces inoculations dans des endroits laissés libres par les pustules de variole, et pour ne pas établir de confusion, je marquai ces endroits par une cautérisation au nitrate d'argent.

Je ne lui donnai par ailleurs qu'une médication insignifiante.

Huit jours après, j'ai vu deux belles pustules de vaccin au bras gauche.

Et le sujet a guéri. N'y a-t-il là qu'une simple coïncidence, ou le vaccin a-t-il réellement agi ; c'est ce que je ne déciderai pas. Un fait est si pauvre par lui-même : je ne puis t'en fournir d'autres, et ce n'est pas ma faute. Je regrette bien de n'avoir pas vacciné une jeune fille de 22 ans qui a succombé à Baden à une variole confluente. Le hasard me conduisit près de cette fille, alitée depuis deux jours et paraissant bien sous le coup de la maladie qui l'a emportée. Elle n'avait jamais été vaccinée. J'ai prié qu'on me laissât prendre du vaccin qui se trouvait dans le voisinage, et ce service que je demandais pour elle m'a été refusé. Je laisse à ceux qui ont si malheureusement fermé cette porte de salut peut-être toute la responsabilité de ce refus insensé et cruel. Le vaccin est la propriété de tous ceux qui ont mission de le répandre, et les médecins, en particulier, ont sur lui des droits imprescriptibles, surtout quand il y a urgence.

Mais je me hâte d'aborder la seconde partie de ma lettre, où je te dirai les raisons qui empêchent encore quelques-uns de recourir à la vaccination, même au plus fort de l'épidémie.

S'il a été vrai de dire que l'erreur est basée sur une vérité dont on abuse, c'est assurément en médecine. Les opinions médicales les plus sensées sont altérées par les interprétations de chacun et vont se modifiant encore, au fur et à mesure qu'elles pénètrent davantage dans le vulgaire. Un observateur a cru devoir conclure de faits qui lui étaient particuliers, et le milieu dans lequel sont tombées ses réflexions en a d'autant plus vite fait une généralité, que cette manière de voir favorisait davantage son caprice, sa routine, ses préjugés.

Les uns ne se feront pas vacciner parce que, disent-ils, le vaccin affaiblit l'organisme.

Le vaccin se développe normalement sur un enfant, et bientôt il n'est plus question de lui. Mais voilà que le hasard veut que l'enfant soit pris d'accidents, de la dentition, par exemple, d'entérite due à un abus de régime si fréquent par ici; les parents, épouvantés par cette coïncidence, ne manquent pas d'en rejeter la faute sur le vaccin : *Post hoc, ergò propter hoc.* C'est toujours la même logique. Elle n'est pas facile à faire disparaître cette habitude de chercher la cause d'un mal dans ce qui l'a immédiatement précédé. Malheureusement le vaccin n'a pas, dans cette question, comme accusateurs, que des gens simples et ignorants, mais souvent des personnes à qui l'éducation et l'instruction permettraient de voir plus sainement.

En ce temps où règnent les maladies saisonnières les plus ordinaires, on a beau jeu à rendre le vaccin responsable de tout. Et pourtant, malgré les assertions de toutes sortes, les accusations les plus hardies parties des rangs même du corps médical, où trouvera-t-on la preuve d'un affaiblissement quelconque occasionné par le vaccin. Et puis, à *priori* est-il possible d'imaginer qu'un moyen prophylactique contre une maladie si redoutable que la variole, ne soit puissant contre elle qu'en débilitant l'organisme?

Mais ne pouvant accuser le vaccin lui-même, quelques-uns s'en prennent à l'enfant qui l'a fourni.

C'est ici surtout que cette défiance existe, et peut-il en être autrement, après les vaccinations, si tristement célèbres, faites en 1866 dans les campagnes avoisinant Auray. On ne veut pas se faire vacciner sur tel ou tel enfant, malpropre, maigre, affaibli seulement par la misère, et l'on ne refuse pas ces gros enfants réputés forts et dont la scrofule fait la base de la constitution. Pour moi, l'un et l'autre sont bons, car ma conviction est que le vaccin, n'importe sur quel enfant, n'est que le vaccin et ne transmet que lui-même. Qu'une main intelligente recueille du vaccin, clair comme de l'eau de roche, d'une vraie pustule vaccinale, et du vaccin se développera à l'abri de tout reproche, quand même cette pustule serait voisine de manifestations syphilitiques caractérisées.

Je t'ai parlé plus haut de la petite de Baden, sur laquelle, trois jours après l'apparition du vaccin, une varioloïde légère se manifesta : comme elle ne présentait, deux jours avant, aucun symptôme encore, j'ai cru devoir m'en servir pour vacciner cinquante personnes. On fut bien un peu effrayé quand on apprit que la petite fille était prise de varioloïde : cependant 32 eurent une belle pustulation vaccinale ; 6, une vaccinoïde ; le reste, pas même trace d'inflammation à l'endroit de la piqûre. Il y a bientôt trois mois que cette vaccination a eu lieu, et pas une des personnes qui la subirent n'a encore éprouvé les moindres symptômes d'une maladie qu'on pourrait rattacher à la variole ; et pourtant la variole les entoure, habite souvent le même toit et malheureusement quelquefois la même chambre.

Je ne prétends pas cependant qu'il faille prendre un tel sujet vaccinifère, s'il est possible de faire autrement. J'ai toujours eu jusqu'ici des enfants sains, bien portants, ayant dépassé le terme où se développe d'ordinaire la vérole congéniale, c'est-à-dire au moins quatre mois : si j'ai vacciné des enfants plus jeunes, c'est que l'épidémie sévissait autour d'eux et qu'il y avait urgence de les opérer ; et puis je connaissais les antécédents de la famille.

Que ne laisse-t-on le médecin, si on lui accorde quelque peu de confiance, vacciner sur tel sujet qu'il voudra ; sait-on l'exemple d'un malheur causé par un médecin, en vaccinant ? Il y a eu dans notre pays des accidents, déclarés syphilitiques, mais c'était l'œuvre d'une sage-femme ignorante, qui n'a pu rien expliquer devant un jury médical, alors qu'elle pouvait peut-être se défendre et repousser l'anathème dont elle est restée chargée. L'histoire de ces accidents est loin d'être éclaircie, malgré les contre-enquêtes, toutes fraîches encore, de quelques confrères : elle a laissé le pays dans la dé-

fiance et l'a porté à stigmatiser tout vaccin qui occa-
sionne une inflammation, quelque légère qu'elle soit.
Et pourtant il y a des vaccinations qui, sans être sus-
pectes en rien, occasionnent des accidents inflamma-
toires parfois très-intenses.

Autour de la piqûre apparaît une rougeur étendue,
accompagnée de douleur et de tuméfaction, avec engor-
gement des ganglions lymphatiques voisins : on a vu à
l'endroit de la piqûre une ulcération se former et es-
charrifier profondément les tissus. Une sage-femme qui
exerçait dans les environs, en 1866, et qui prétend, je
ne sais trop pourquoi, avoir quelques connaissances
syphiliographiques, s'arrêta de vacciner, parce que,
disait-elle, elle remarquait que les pustules de vaccin
s'enflammaient, s'ulcéraient, prenaient une teinte ver-
dâtre, couleur si caractéristique pour ceux qui décrivent
la vérole sans l'avoir jamais observée. Je sais que cette
sage-femme n'a pas inoculé la vérole en guise de vaccin ;
elle n'en a pas, du reste, été suspectée, malgré la com-
promettante description qu'elle s'est donnée la fantaisie
de faire. N'aurions-nous pas là la clef de cette fameuse
syphilis vaccinale, qui a réveillé tant d'échos il y a peu
de temps encore ; ou, s'il ne nous est pas permis de nier
ce que d'habiles confrères ont observé, ne pouvons-
nous du moins affirmer qu'il y avait dans la constitution
médicale de ce temps-là une tendance aux ulcérations,
tendance qui aurait pu être remarquée sur des plaies
de tout autre genre que des plaies vaccinales.

J'ai vu chez deux enfants et six adultes des inflammations excessives survenir à la suite du vaccin ; mais ces
inflammations, qui n'ont jamais présenté le moindre ca-
ractère inquiétant, se sont terminées par résolution, sous
l'action des cataplasmes et du repos du bras, soustrait
au frottement des vêtements, principale cause de ces
accidents. Que parfois, cependant, ces inflammations
rencontrent des diathèses susceptibles de les modifier
sur place, elles peuvent devenir, comme je l'ai dit dans
ma thèse inaugurale, le point de départ d'un accident

scrofuleux, syphilitique, etc. Mais le vaccin reste à l'abri de tout reproche ; ce ne sera pas la pustule vaccinale qui sera atteinte, mais son voisinage enflammé, et la cause de cette inflammation sera évidemment la constitution particulière à chaque individu.

Ces inflammations tiennent, je le disais, la plupart du temps, au frottement des vêtements : elles peuvent dépendre encore du vaccin pris dans une pustule trop avancée et renfermant quelques corpuscules de pus, du mauvais état des instruments, et enfin, comme je l'ai déjà écrit, de la constitution médicale régnante. Ces deux dernières causes ne m'ont pas paru avoir agi pour les cas que j'ai observés.

Mais, par ce temps d'épidémie, une cause plus sérieuse en apparence arrêta plusieurs fois les vaccinations : le vaccin, disait-on, attire la variole.

Le facteur rural de la commune de Baden, vacciné étant jeune, est revacciné le 28 avril dernier.

Le 4 mai, les pustules vaccinales commencent à paraître.

Le 6 mai, il est pris de varioloïde dont il a parfaitement guéri en huit jours.

Une jeune fille de 18 ans, du village de Kerisper (Baden), vaccinée étant jeune, est revaccinée le mardi 25 avril.

Le 29 avril, en même temps qu'un beau vaccin, apparaissent des pustules de varioloïde.

Rappelle-toi l'observation précédemment rapportée de la petite fille de Baden, qui me servit à vacciner un certain nombre de personnes, et sache que je pourrais te citer une vingtaine d'autres observations semblables.

Voilà sur quels faits l'on se fonde, sans doute, pour conclure à l'attraction du vaccin sur la variole. Mais les périodes d'incubation et d'invasion réunies de la variole comprennent plus de dix jours : le vaccin, depuis son inoculation jusqu'à son apparition, met tout au plus quatre jours. Or, dans tous les cas que j'ai vus, la variole n'a pas suivi plus de cinq jours l'apparition des pustules vaccinales; donc, l'organisme était infecté par la variole avant de l'être par le vaccin, et ce dernier, loin d'attirer la première, n'a fait que l'atténuer, à en juger par les varioloïdes qui ont surgi dans ces cas.

Maintenant, pour te prouver que du moment que la variole s'attache à l'organisme, à l'instant où elle apparaît à la peau par l'éruption, il y a au moins dix jours, j'ai pris l'observation de quinze malades qui virent un jour seulement leurs parents ou leurs amis malades et qui vinrent ensuite vivre loin de tout foyer épidémique, dans des lieux où la maladie n'avait pas, depuis plusieurs années, fait son apparition et où aucun cas de variole ne s'était encore manifesté; cinq d'entre eux eurent l'éruption quatorze jours après; six, douze jours après; le reste, du douze au quatorzième jour. Mais je m'arrêterai davantage sur cette question, quand je te parlerai de la variole.

Le vaccin, tu le vois, n'attire pas la variole, et pourtant, devant l'Académie des sciences, cette thèse a été dernièrement soutenue par le docteur Decaine, « *qu'il ne faut pas vacciner en temps d'épidémie.* » La vaccine, a-t-il dit, est un dérivé de la variole spontanée de la vache; combiné avec l'élément humain, vous courez le risque, en provoquant une éruption vaccinale généralisée, d'établir une sorte de foyer d'infection ajoutant un nouveau contingent au véritable foyer variolique. — Mais d'abord, où est la preuve que le virus variolique est le même que le virus vaccinal? Et puis la vaccine est bien contagieuse, puisqu'elle se transmet, mais infectueuse, non; du reste, le fût-elle, ce serait un bonheur pour le monde de nos campagnes, sur lequel elle se répandrait comme un bienfait, à la place peut-être de la variole qui les décime, et, j'en suis convaincu, sans favoriser en quoi que ce soit le développement de cette dernière.

Le vaccin n'attire pas la variole, et j'ai vacciné au

sein des familles, dont quelques membres frappés par l'épidémie étaient une cause permanente d'infection, sans que jusqu'à présent un seul fait puisse s'élever contre cette manière d'agir.

Mais je termine ici ma lettre, te faisant grâce de bien d'autres petits préjugés plus propres à t'égayer qu'à t'instruire. Je compléterai ce que j'ai omis sur la vaccine en te parlant de cas de variole que j'ai déjà vus en grand nombre et de ceux qu'il me sera donné d'observer encore pendant cette épidémie.

Auray, 8 mai 1870.

Typ. Oberthur et fils, à Rennes. — Mᵒⁿ à Paris, rue des Blancs-Manteaux, 35.

9 782013 542388